TECNOLOGÍA

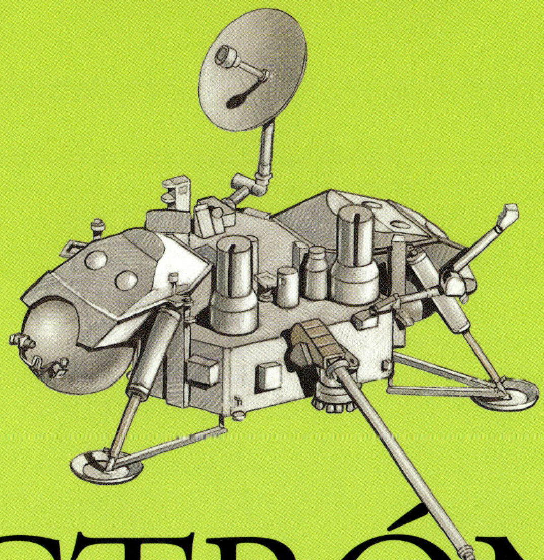

# ELECTRÓNICA E INFORMÁTICA

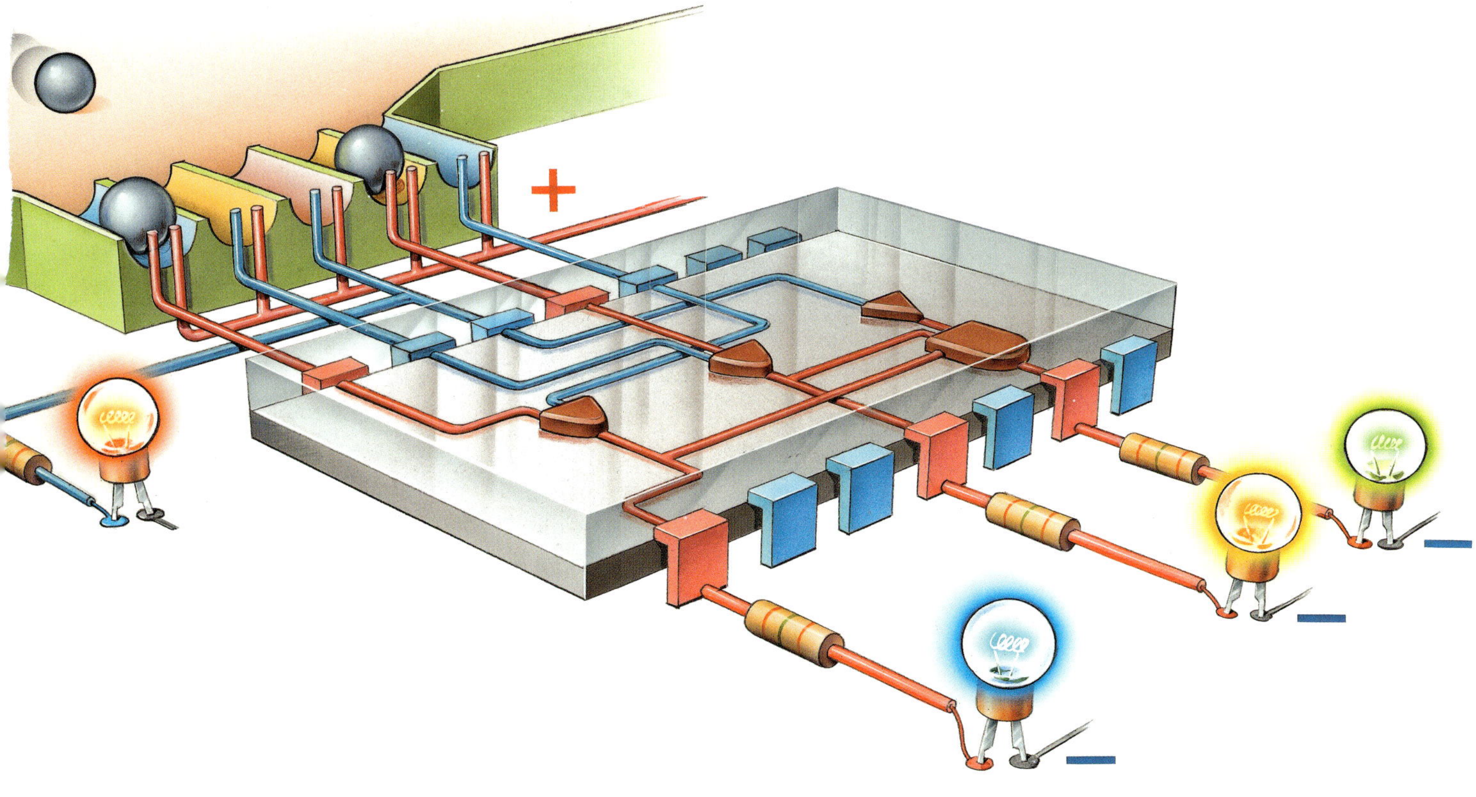


Parramón

**Proyecto y realización**
Parramón Ediciones, S.A.

**Dirección editorial**
Lluís Borràs

**Ayudante de edición**
Cristina Vilella

**Textos**
Néstor Navarrete

**Diseño gráfico y maquetación**
Estudi Toni Inglés

**Ilustraciones**
Estudio Marcel Socías

**Dirección de producción**
Rafael Marfil

**Producción**
Manel Sánchez

Primera edición: febrero 2004

Tecnología. Electrónica e informática
ISBN: 84-342-2609-X

Depósito Legal: B-49.105-2003

Impreso en España

Ronda de Sant Pere, 5, 4ª planta
08010 Barcelona (España)
Empresa del Grupo Editorial Norma

www.parramon.com



## SUMARIO

# LA REVOLUCIÓN ELECTRÓNICA

La electrónica y la informática ocupan un lugar tan importante en la vida cotidiana de los habitantes de los países desarrollados, que resulta indispensable que los jóvenes lectores se familiaricen con estas materias lo antes posible. Este volumen intenta cumplir esa función, presentando de una manera amena y predominantemente visual algunos de los elementos clave de estas dos disciplinas.

Como puede suponerse, no se trata de un trabajo enciclopédico sino más bien de una visión panorámica, en la que se intenta fijar la atención de los lectores no iniciados en los temas de ciencia y tecnología en algunos aspectos sobresalientes. Los aparatos o procedimientos se han elegido por su trascendencia técnica, por su importancia histórica o por su relevancia sociológica. No en vano estas dos ciencias, en menos de cincuenta años, han revolucionado la manera de vivir de una parte importante de los seres humanos.

Se ha intentado ilustrar algunos de los temas más áridos de ambas disciplinas mediante imágenes en las que se utilizan aquellos aparatos o procedimientos que se explican, y siempre en un contexto que le resulte familiar al lector al que se dirige la obra. En ningún caso se dan excesivos detalles que diluyan su atención, pero sí se intenta subrayar aquellos elementos que le permitan conectarlos con otros que le resulten conocidos.

# LA CHISPA QUE NOS LLEVA AL FUTURO

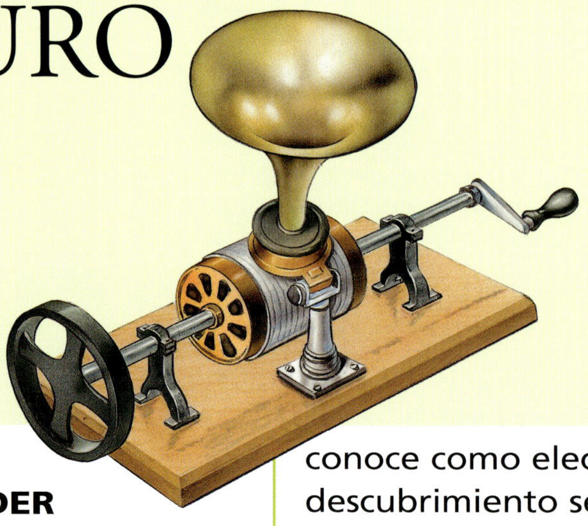

El siglo XX fue testigo de los progresivos avances de la electrónica, que en pocas décadas permitió el perfeccionamiento de fonógrafos primitivos como éste para llegar a los actuales equipos de sonido estereofónico.

## SIN MASA Y SIN PESO, PERO CON UN GRAN PODER

Durante más de un siglo los científicos desarrollaron muchas teorías y numerosos aparatos que explicaban y utilizaban la electricidad, pero sin conocer su verdadero origen. Casi la totalidad de la tecnología eléctrica básica que hoy conocemos se desarrolló durante ese período. Uno de los grandes descubrimientos fue que, cuando la luz eléctrica ya había penetrado en algunos hogares, el físico J.J. Thompson llegó a la conclusión de que los átomos no eran indivisibles, pues partículas cargadas con electricidad se desprendían de ellos. Esas partículas recibieron el nombre de electrones y su estudio y utilización inauguraron el siglo XX.

Los físicos descubrieron que la totalidad de los fenómenos eléctricos se debía a la actividad de los electrones y llegaron a averiguar que estas partículas subatómicas no poseían masa. El descubrimiento accidental realizado por Edison de que desde un conductor eléctrico caliente fluía una corriente, que luego se identificó como formada por electrones libres, cuando se encontraba próximo a otro, fue el anecdótico origen de lo que hoy se conoce como electrónica. Y gracias a este descubrimiento se pudieron desarrollar aparatos tan corrientes como la radio, la televisión, el teléfono o los ordenadores, o tan necesarios como el radar y el sonar.

## DIODOS Y LÁMPARAS O VÁLVULAS DE RADIO

El descubrimiento de Edison dio pie al físico Ambrose Fleming a inventar, en 1904, un dispositivo en el que cuando se calentaba el cátodo, o electrodo negativo, emitía una corriente de electrones hacia el ánodo, o electrodo positivo, manteniendo siempre este sentido de circulación, lo que permitía convertir la corriente alterna en corriente continua. El dispositivo, llamado diodo por estar compuesto por dos elementos, estaba contenido en una ampolla de vidrio en la que se había hecho el vacío, por lo que recibió el nombre popular de lámpara de radio. Más tarde, el ingeniero estadounidense Lee de Forest perfeccionó el invento colocando una rejilla entre el ánodo y el cátodo. Este mecanismo consistía en hacer circular una corriente contraria a la del cátodo para que llegaran muchos menos electrones al ánodo, y como la válvula estaba compuesta de tres electrodos recibió el nombre de triodo.

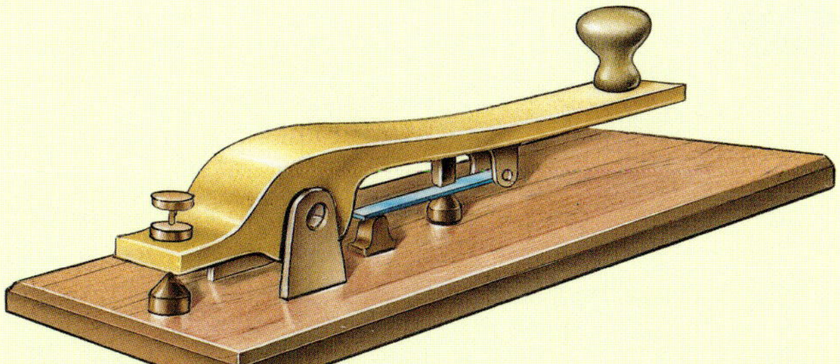

El telégrafo tuvo una larga vida antes de la introducción de la electrónica, pero al final se benefició de ésta consiguiendo transmitir los mensajes cada vez más lejos.

Este diodo, inventado por el físico Ambrose Fleming en 1904, puede considerarse como el primer aparato electrónico de la historia y su función era la de transformar la corriente alterna en continua.

Diodos y triodos permitieron perfeccionar en muy pocos años tanto las emisoras como los receptores de radio, de modo que en los años veinte del pasado siglo ya existían potentes radios de “lámparas” capaces de recibir emisoras de onda corta situadas a miles de kilómetros de distancia. Pero las aplicaciones de la recién descubierta electrónica no se limitaron a la radio; en época tan temprana como 1928 ya se hicieron emisiones de prueba de televisión y los avances que se producían afectaron muy pronto al teléfono y a la grabación y reproducción del sonido.

## EL TRANSISTOR: UN GRAN SALTO ADELANTE

Cuando después de la Segunda Guerra Mundial los transistores empezaron a sustituir a las válvulas termoiónicas en aparatos de mediana y baja potencia, como los receptores de radio y televisión o los amplificadores de sonido, la electrónica dio el gran paso y se convirtió en uno de los principales motores económicos de los países desarrollados. Los avances permitieron producir, por una parte, aparatos cada vez más baratos pero técnicamente perfeccionados y, por otra, desarrollar sofisticados sistemas que hicieron posible iniciar la carrera por la conquista del espacio.

Los transistores se convirtieron en la aplicación más popular de los semiconductores sólidos, unos materiales que facilitarían la miniaturización de la electrónica hasta extremos difíciles de imaginar. Con el paso del tiempo, el silicio se convertiría en la base de la gran industria de los circuitos electrónicos, pues a partir de este metal se fabrican los “chips” y “microchips”, circuitos integrados que pueden llegar a contener decenas de miles de conexiones entre elementos electrónicos en pastillas diminutas. Los principales beneficiarios de esa carrera hacia la miniaturización han sido los ordenadores, tanto los personales como los industriales.

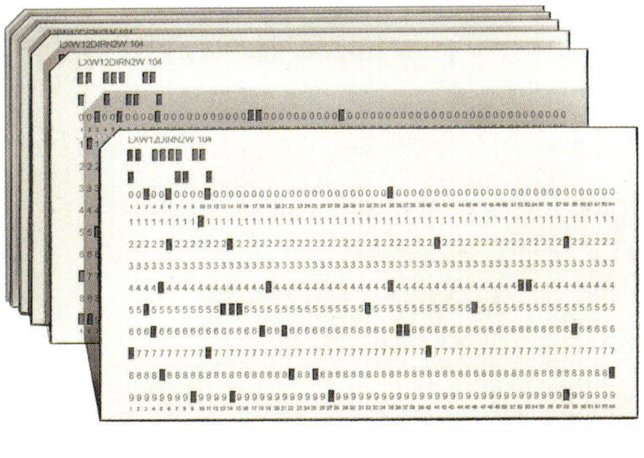

Las fichas perforadas han acabado por convertirse en el símbolo de los primeros ordenadores electrónicos, porque eran la vía que se utilizaba para comunicarse con ellos.

La conjunción de diversas tecnologías, como la de los discos ópticos de almacenamiento de imágenes o la de las pantallas planas, dan origen a nuevos aparatos de consumo, como el "cine en casa".

## LA INFORMÁTICA: EL MOTOR DE LA REVOLUCIÓN INDUSTRIAL CONTEMPORÁNEA

La palabra "informática" es una expresión nueva que surge de los términos "información" y "automática", que resumen el propósito de esta nueva ciencia, que no es otro que el de desarrollar las técnicas para el tratamiento automático de la información. En síntesis, el objetivo de la informática sería la organización, almacenamiento, transformación y comunicación de la información necesaria para desarrollar cualquier actividad humana mediante una poderosa herramienta: el ordenador. Prácticamente cualquier trabajo realizado con esta máquina electrónica puede hacerse sin su ayuda; la diferencia está en que el tiempo empleado será mucho mayor y la probabilidad de cometer errores más grande.

La miniaturización y la sofisticación de los componentes electrónicos han permitido la aparición de aparatos de consumo muy avanzados, como las videocámaras, a precios razonables.

## EVOLUCIÓN DE LOS ORDENADORES

Aunque existen máquinas de calcular mecánicas desde el siglo XVII, el primer ordenador electromecánico no se desarrolló hasta finales de los años treinta del siglo XX, cuando el ingeniero alemán Konrad Zuse creó la Z1, una máquina programable electromecánica cuyas sucesivas mejoras, la Z2, Z3 y Z4, llegaron a ser empleadas para diseñar aviones durante la Segunda Guerra Mundial. Sin embargo, fue el Mark I, desarrollado por Howard Aiken unos años después por encargo de la IBM, que no era programable y necesitaba millones de metros de cable para funcionar, el que sirvió de modelo para la rápida evolución de los ordenadores hasta la actualidad.

Estas gigantescas máquinas se beneficiaron de la invención de los transistores y pasaron a ser aparatos de dimensiones razonables, que ya usaban muchas instituciones públicas y algunas privadas al empezar los años sesenta.

Aquellas máquinas, que utilizaban el sistema de las fichas perforadas, sirvieron de base para el desarrollo de los ordenadores personales, que empezaron a ser populares en los años ochenta.

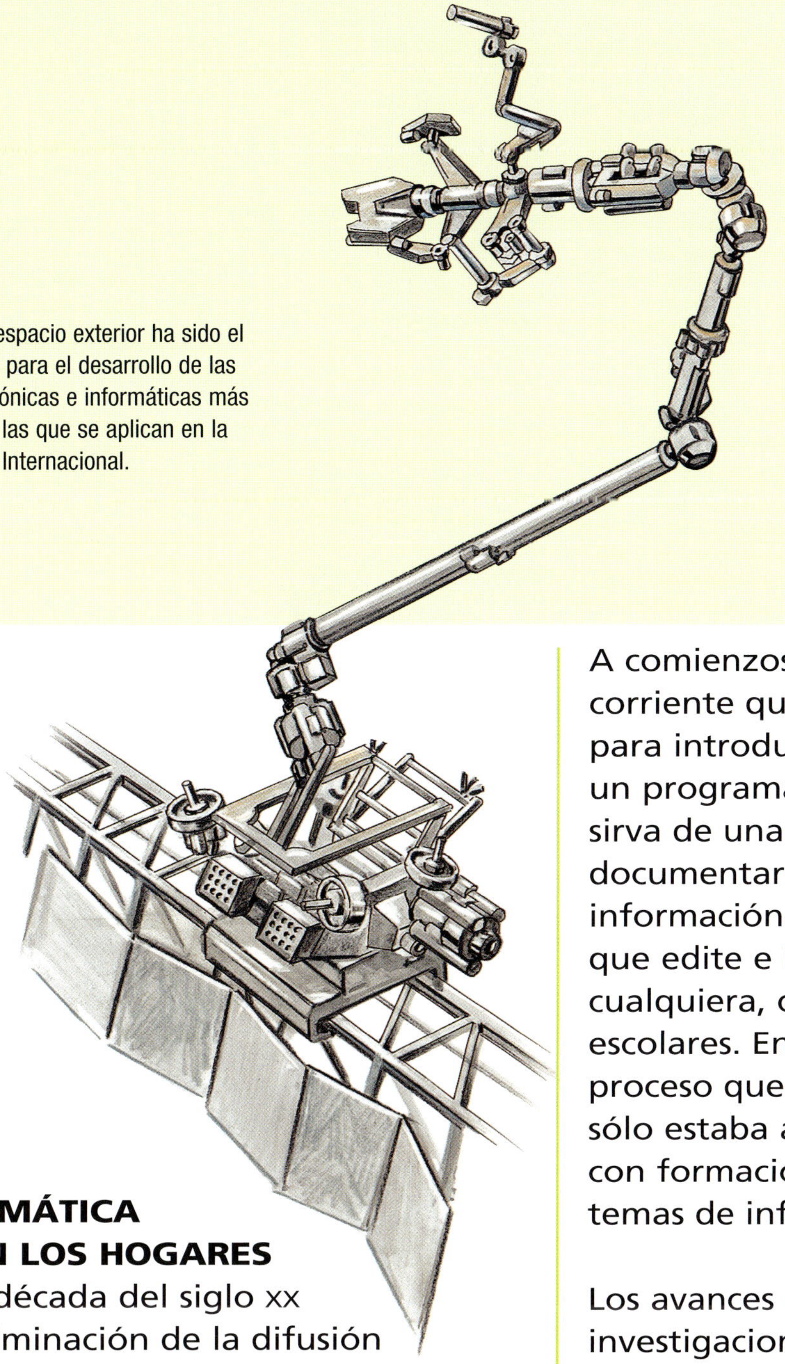

La conquista del espacio exterior ha sido el principal estímulo para el desarrollo de las tecnologías electrónicas e informáticas más avanzadas, como las que se aplican en la Estación Espacial Internacional.

## LA INFORMÁTICA ENTRA EN LOS HOGARES

La última década del siglo XX vivió la culminación de la difusión de la informática cuando los PCs (del inglés *personal computer*) se convirtieron en un aparato electrodoméstico más en los hogares de los países desarrollados y la conexión a Internet empezó a ser fácil de realizar y a unos precios asequibles para las economías domésticas. Los ordenadores personales de la actualidad son varios miles de veces más rápidos y potentes que los que tenían las grandes empresas hace sólo cuarenta años y algunos de los programas y periféricos que hoy en día son de uso común eran casi inimaginables hace sólo veinticinco años.

A comienzos del siglo XXI empieza a ser corriente que un escolar utilice un escáner para introducir imágenes seleccionadas en un programa de proceso de textos, se sirva de una base de datos para documentarse, complemente su información conectándose a Internet, o que edite e imprima un trabajo cualquiera, como parte de sus deberes escolares. En definitiva, que siga un proceso que hace menos de veinte años sólo estaba al alcance de algunas personas con formación superior específica en temas de informática.

Los avances en realidad virtual y las investigaciones sobre la inteligencia artificial auguran un emocionante inmediato futuro a la informática, que de todas formas, ya se ha convertido en el elemento clave de la sociedad del futuro.

El AIBO es un perro robot desarrollado por la empresa Sony, que tiene la particularidad de estar provisto de un avanzadísimo microprocesador capaz de aprender por ensayo y error.

# UNA TECNOLOGÍA QUE CAMBIÓ EL MUNDO

También llamadas válvulas termoiónicas o tubos de vacío, fueron los primeros dispositivos electrónicos que se inventaron y constituyeron la base sobre la que se desarrolló toda la industria electrónica anterior a la Segunda Guerra Mundial. Aunque existen diferentes modelos que realizan distintas funciones, todos ellos tienen un elemento en común: un electrodo que al calentarse se convierte en un emisor de electrones y cuyos componentes están dentro de un recipiente sellado de vidrio del que se ha extraído todo el aire posible.

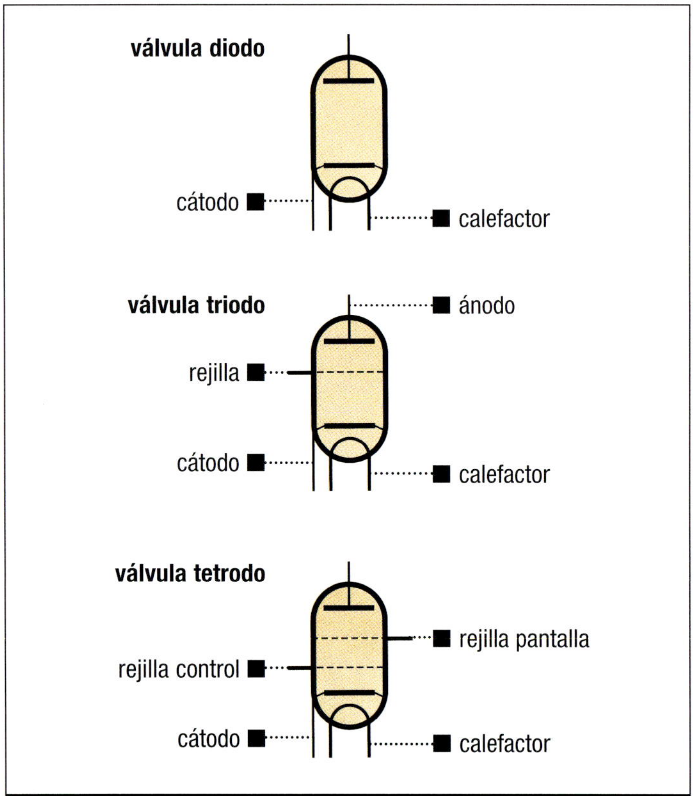


**La importancia de los esquemas**

La electrónica utiliza una gran cantidad de símbolos que representan distintos aparatos y funciones, pues desde el principio era necesario realizar esquemas de los circuitos electrónicos.

**receptor** de radio que utilizaba lámparas para realizar funciones como la rectificación de la corriente o la amplificación de la señal

**calefactor** se trata de un filamento de volframio colocado en el interior del cátodo. No estaba presente en las lámparas más antiguas

**■ diodo**
se llama así porque está compuesto por dos elementos esenciales: un cátodo emisor de electrones y un ánodo hacia el que se dirigen. Rectifica la corriente alterna convirtiéndola en continua

**■ ánodo**
consiste en una placa de metal por la que circula una corriente eléctrica de signo contrario a la del cátodo, que atrae a los electrones

### TODAVÍA RESISTEN

Aunque ya no se utilizan en aquellos aparatos, como radios y televisores, que las hicieron populares, aún se emplean versiones muy sofisticadas de las válvulas termoiónicas en aparatos especiales como los contadores Geiger, que se usan para detectar partículas atómicas.

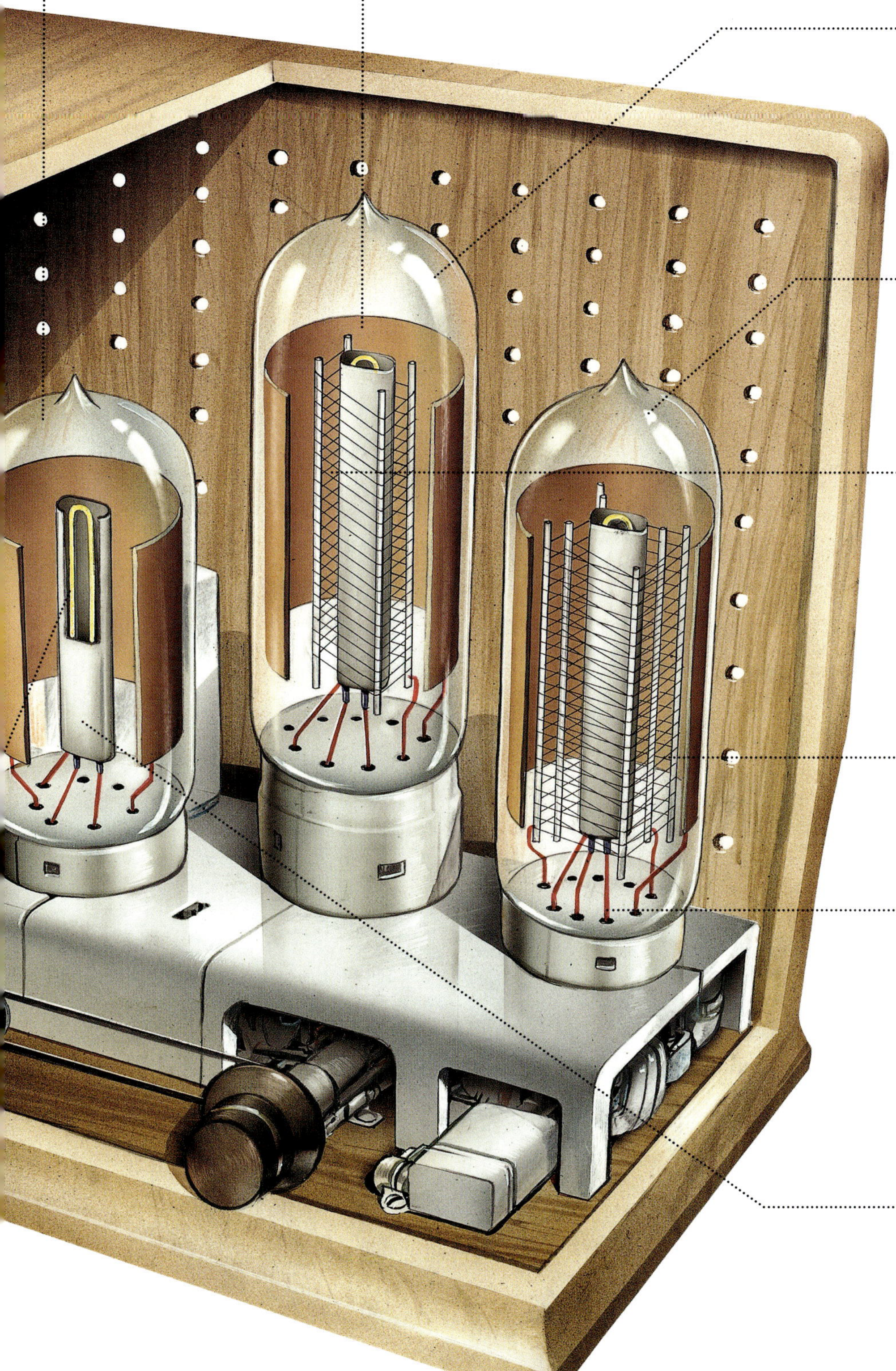

**■ triodo**
además de los dos elementos del diodo, el triodo tiene una rejilla de alambre oituada cntrc cl cátodo y cl ánodo por la que circula una corriente del mismo signo que la del cátodo. Sirve para amplificar la corriente

**■ tetrodo**
contiene una rejilla más que el triodo, también llamada pantalla, que estabiliza las frecuencias de radio

**■ rejilla**
de control de la circulación de electrones entre ánodo y cátodo. Al variar la intensidad de la corriente que circula por ella se varía la cantidad de electrones que deja pasar. Está presente en los triodos y lámparas de mayor número de elementos

**■ pantalla**
o rejilla exterior que se añadió a los triodos para mejorar la estabilidad de las frecuencias de radio

**■ conexiones**
eléctricas con el circuito eléctrico exterior. Suelen ser unas patillas de metal

**■ cátodo**
es el elemento principal de las lámparas y sufrió numerosas mejoras. Los que utilizan calefactor suelen incorporar un manguito de níquel recubierto con un óxido metálico

# CAMINO DE LA MINIATURIZACIÓN

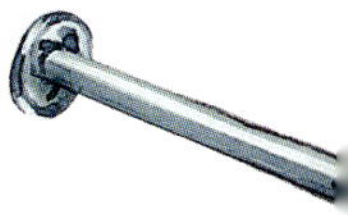

Los transistores nacieron para sustituir a las caras y voluminosas válvulas termoiónicas o lámparas de radio. La principal ventaja de los transistores primitivos era que no necesitaban calentarse para funcionar, por lo que consumían muy poca energía. También eran más pequeños que las lámparas, y lo fueron mucho más pasados unos años. Esquemáticamente, un transistor es la unión de un metal semiconductor al que le "sobran" algunos electrones con otro al que le "faltan".

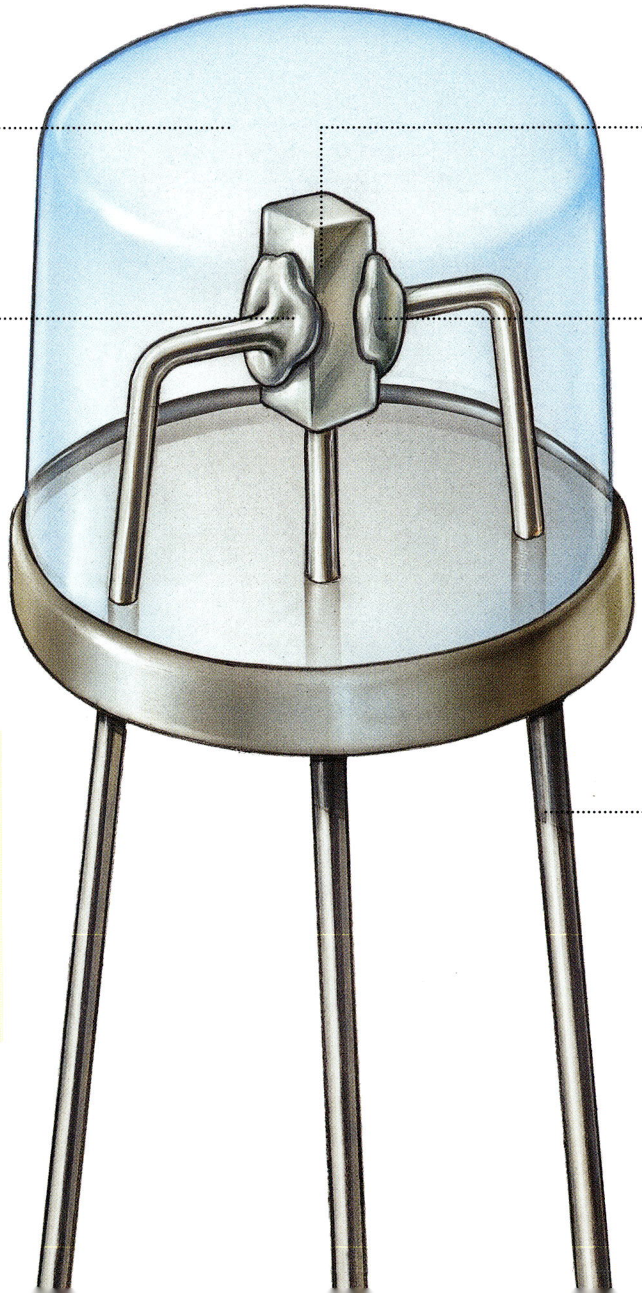


### EL PRIMER TRANSISTOR

Los ingenieros W. Shockley, J. Bardeen y W. Brattain, de los laboratorios estadounidenses de la Bell Telephone, lograron construir en 1948 el primer transistor del que se tiene noticia, llamado "de contacto de punta de germanio".

Cuando desde el emisor circula una corriente "positiva" de baja intensidad se produce una gran circulación de electrones, pero si la corriente es "negativa" se impide su circulación. Por eso este tipo de transistores puede ser empleado como rectificadores y como amplificadores.

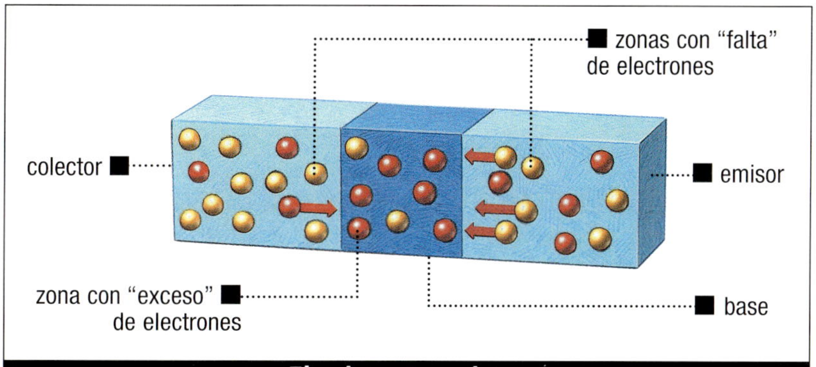


**El primer transistor**

**receptor** de radio portátil. Al margen de los altavoces, la antena y las pilas, este tipo de aparatos utilizan elementos electrónicos transistorizados

**transistor** que forma parte, junto con los condensadores y las resistencias, de los elementos electrónicos que componen una radio portátil

# EN LA CARRERA HACIA EL MICROCHIP

El nombre de semiconductor se aplica a numerosos elementos y compuestos químicos que tienen la propiedad de que su conductividad eléctrica depende del número de cargas eléctricas positivas o negativas que pueden moverse libremente. El silicio, que en estado natural es un aislante eléctrico muy estable, se convierte en semiconductor del tipo "n", es decir, negativo, cuando en el proceso de cristalización se añaden algunos átomos de fósforo, o del tipo "p", es decir, positivo, cuando se agregan átomos de boro.

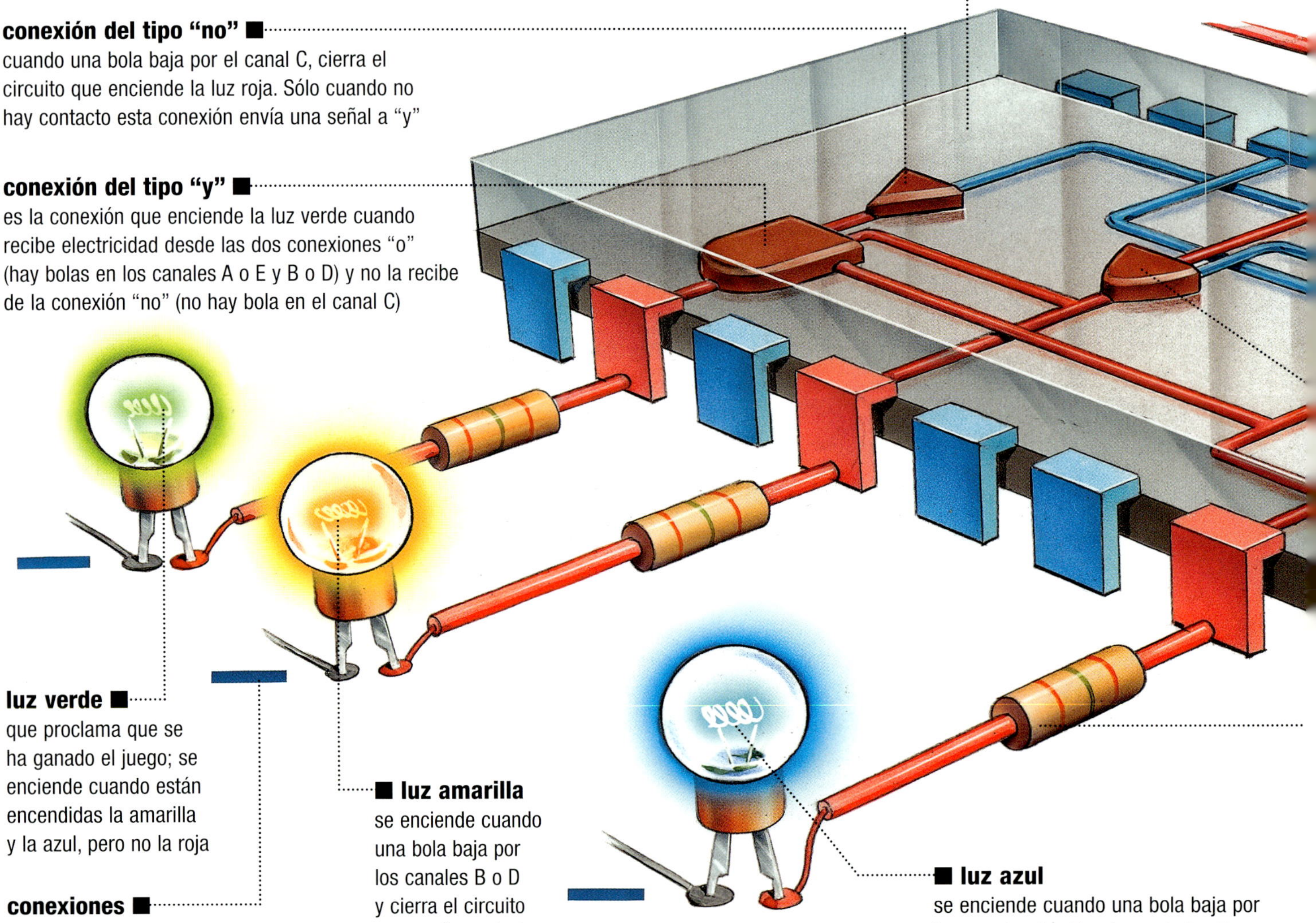

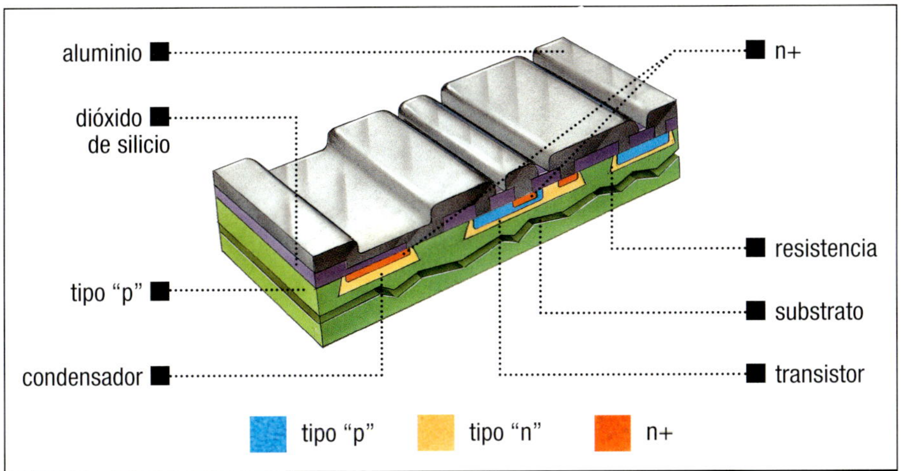


**Gran capacidad en el mínimo espacio**

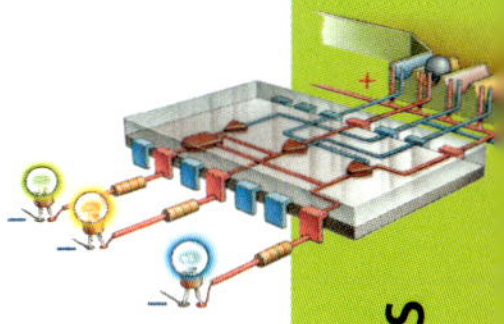

En este esquema puede verse cómo, en una pastilla diminuta de materiales semiconductores, se ha diseñado un circuito integrado con conexiones de condensador y resistencia a un transistor.

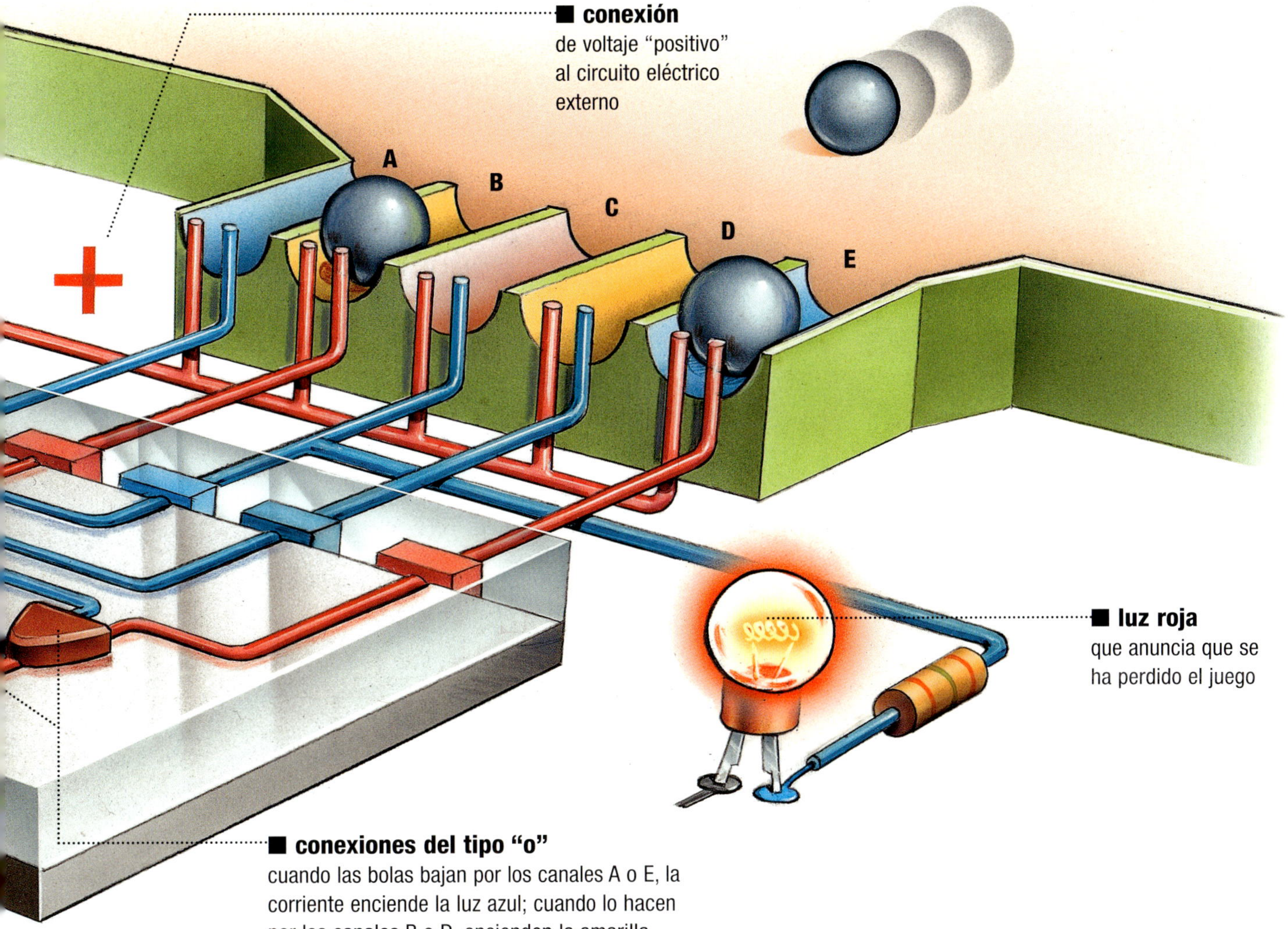


■ **conexión**
de voltaje "positivo" al circuito eléctrico externo

■ **luz roja**
que anuncia que se ha perdido el juego

■ **conexiones del tipo "o"**
cuando las bolas bajan por los canales A o E, la corriente enciende la luz azul; cuando lo hacen por los canales B o D, encienden la amarilla y en ambos casos envían una corriente a "y"

■ **resistencias**
que disminuyen el voltaje hasta conseguir el conveniente para que puedan encenderse las lámparas sin fundirse

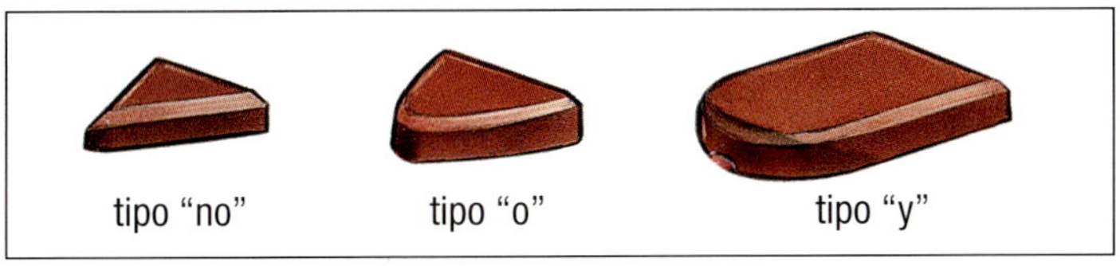


## UN LARGO CAMINO HASTA EL SILICIO

Entre los primeros materiales en los que se descubrieron propiedades semiconductoras estaban el óxido de cobre y el de selenio; más tarde se utilizó el germanio con una fina patilla metálica, pero el material que ha acabado por imponerse es el silicio, principal componente de la arena corriente.

# UN DISEÑO COMPLEJO PARA UNA BUENA BASE

Un circuito electrónico es cualquier montaje en el que intervengan más de dos elementos electrónicos, como condensadores, diodos, transistores o resistencias, conectados entre sí para realizar una función predeterminada. Los circuitos impresos son placas de material aislante revestidos con cobre por una cara, que se graba químicamente para dejar sólo el circuito conductor. Los componentes se montan en la cara contraria y se conectan al otro lado mediante agujeros.

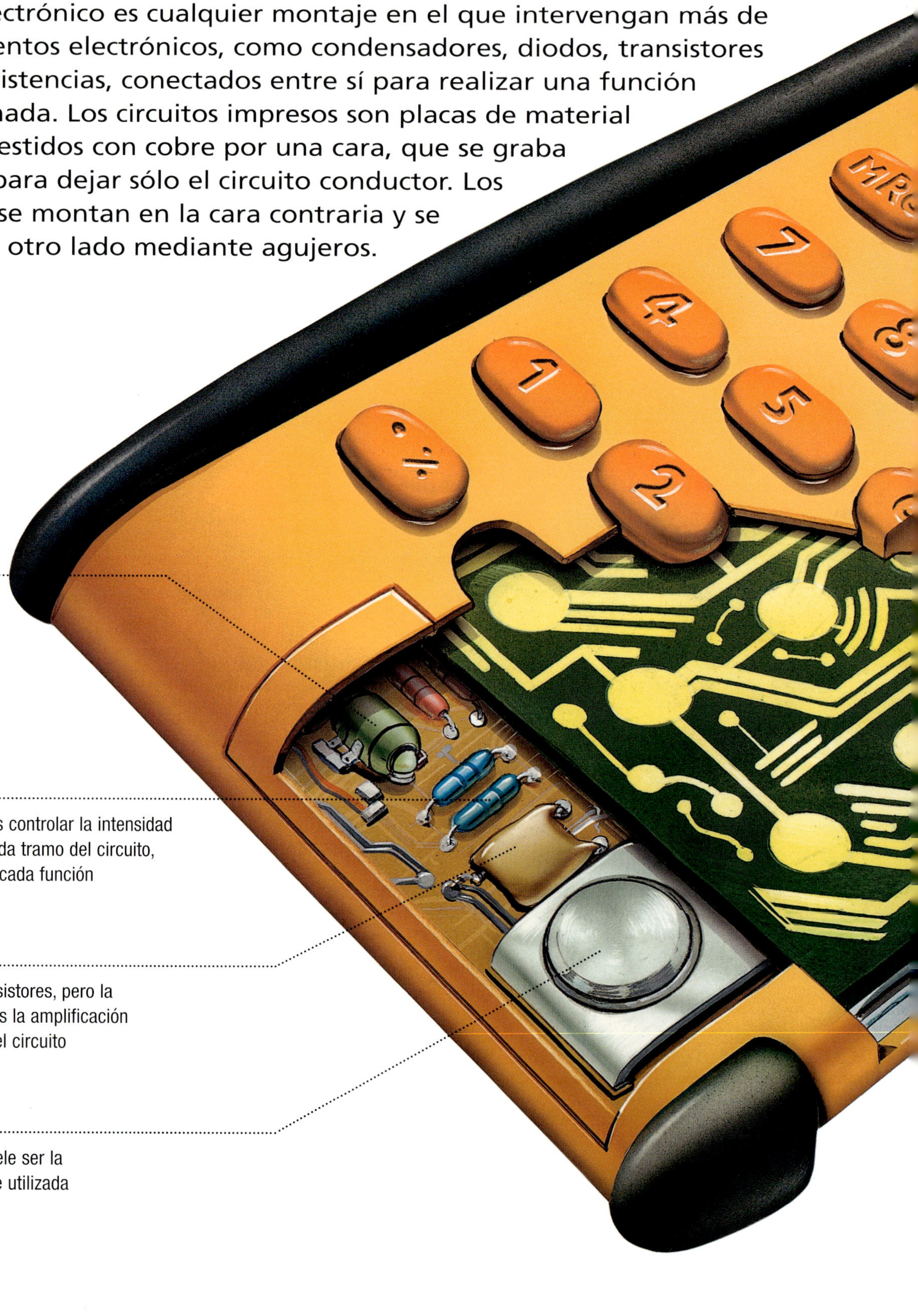

**condensador**
los condensadores son elementos electrónicos cuya principal función es el almacenamiento momentáneo de cargas eléctricas

**resistencia**
la función de las resistencias es controlar la intensidad de la corriente que pasa por cada tramo del circuito, limitándola a la necesaria para cada función

**transistor**
existen diferentes tipos de transistores, pero la función de los más corrientes es la amplificación de la corriente que circula por el circuito

**pila**
o mini batería eléctrica, que suele ser la fuente de energía más corriente utilizada por las calculadoras de bolsillo

**pantalla**
en la que se iluminan los números y las operaciones que se realizan. En cada generación de calculadoras, las pantallas son capaces de ofrecer una mayor cantidad de información

**circuito integrado**
o "chip". Es la parte esencial de una calculadora, porque es en ella donde se realizan todas las operaciones y donde reside la memoria

**circuito impreso**
sobre una placa de material aislante. Los componentes que lo forman están montados en la cara opuesta

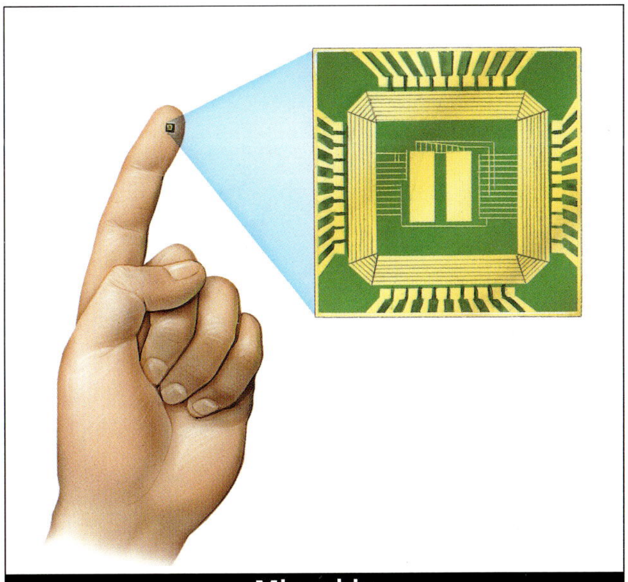

**Microchip**

El proceso de miniaturización de los elementos electrónicos que se inició a mediados de los años cincuenta del siglo XX se ha ido acelerando progresivamente hasta llegar a los actuales microchips, que en superficies inferiores a un cuarto de $mm^2$ pueden contener hasta diez mil conexiones.

## ELECTRÓNICA PARA CASI TODOS

En buena medida, los precios relativamente bajos de muchos aparatos electrónicos se debe al abaratamiento en los sistemas de producción de los circuitos impresos y de los microchips. En estos últimos, resulta más caro su encapsulamiento individualizado que todo el proceso de fabricación.

# UN EXPERTO EN TRABAJOS DIFÍCILES

Aunque el cine acostumbra a presentarlos con apariencia humana, lo cierto es que la mayoría de los robots no la tienen. Muchos trabajan en fábricas realizando con total precisión y pulcritud tareas monótonas y pesadas sin fallos ni cansancio; otros ejecutan labores peligrosas, como la desactivación de explosivos o la exploración de cuevas o terrenos inestables; y unos pocos trabajan en el espacio cargando y descargando las lanzadoras o la estación internacional en órbita terrestre, o explorando la superficie de Marte.

**brazo** articulado capaz de realizar movimientos rápidos y precisos y de levantar con facilidad pesos de varios centenares de kilogramos

**pinza** instrumento capaz de manipular con fuerza y delicadeza cualquier clase de objeto

**objeto** sospechoso que el robot debe explorar y retirar del lugar en el que se encuentra y llevarlo a un recipiente capaz de soportar explosiones

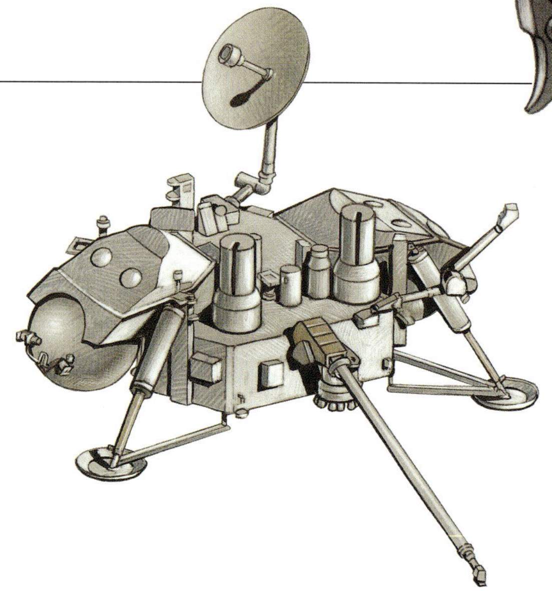

**Los más perfeccionados**

Aunque existen robots tan especializados como los robots cirujano que se usan en algunas intervenciones quirúrgicas, sin duda los que han llegado a un mayor grado de perfección técnica son los robots para la exploración espacial, especialmente aquellos que se han diseñado para investigar la superficie de Marte.

## UN NOMBRE LITERARIO PARA UN TRABAJADOR RUTINARIO

La palabra "robot" deriva de la palabra checa "robota", que significa trabajo, y se empleó por primera vez en 1920 en la obra de teatro *Los robots universales de Rossum*, cuyo autor es el dramaturgo checo Karel Capek.

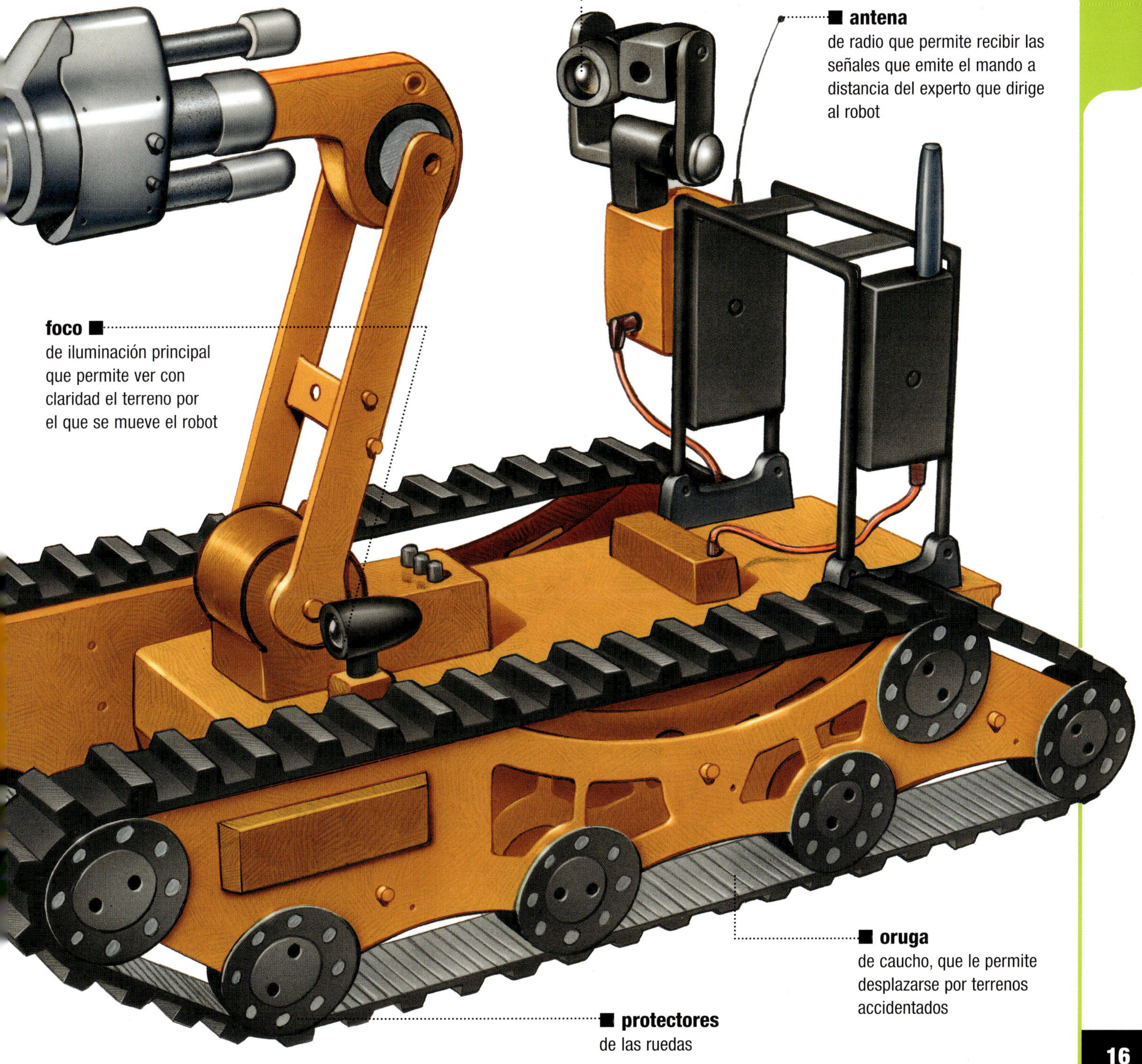

# UN FABULOSO UNIVERSO CREADO POR LOS ORDENADORES

**casco**
que contiene un visor panorámico que reproduce, de forma envolvente, las imágenes en 3D del programa

**audífonos**
por los que se recibe el sonido estereofónico de ambiente que acompaña a las imágenes

Podría definirse la realidad virtual como el conjunto de medios que permiten introducirse en un "mundo" creado en exclusiva a partir de un ordenador. Estos programas consisten en imágenes en 3D, esto es, en tres dimensiones y sonido estereofónico, además de diferentes clases de terminales, como visores, cascos, guantes o botas que reproducen sensaciones táctiles o incluso olfativas y gustativas, según sea la sofisticación del programa. Aunque es más conocida por su vertiente lúdica, la realidad virtual también tiene importantes aplicaciones científicas e industriales.

**antenas**
receptoras y emisoras. Reciben las señales emitidas desde el ordenador por el programa y emiten las señales de los movimientos del experimentador, que son procesados por el programa

**botas**
especiales que, igual que los guantes, están dotadas de mecanismos que reproducen las sensaciones y de sensores que emiten señales mediante la antena

## MUY CERCA DE LA INTELIGENCIA ARTIFICIAL

En la medida en que los programas de realidad virtual deben dar una respuesta muy precisa a movimientos inesperados del experimentador que no pueden ser programados rígidamente, han propiciado el desarrollo de algunos procedimientos informáticos que se acercan mucho a lo que podría llamarse inteligencia artificial.

**escena** ■
virtual en la que el experimentador interactúa con el programa

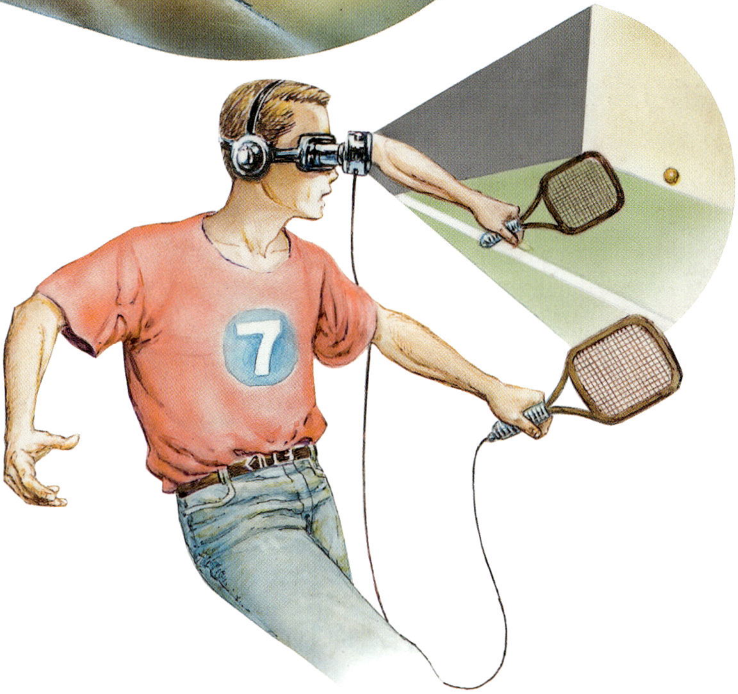

■ **guantes**
especiales, dotados de mecanismos que reproducen las presiones propias de las situaciones que representa el programa

■ **unidad**
central del ordenador en el que reside el programa de realidad virtual

■ **receptor**
de las señales emitidas por los guantes y las botas y emisor de las respuestas procesadas por el programa

Los programas de simulación, entre los que destacan por su complejidad técnica los simuladores de vuelo, fueron el paso inmediatamente anterior a los de realidad virtual. Estos programas requieren que todos los aparatos sobre los que se actúa, como volantes, palancas, etc., sean totalmente reales.

**Un paso necesario**

# LO QUE SE PUEDE HACER CON UN ORDENADOR

Un ordenador es una poderosa herramienta capaz de hacer multitud de tareas, pero para que las haga es necesario que tenga los programas adecuados. Un programa no es más que una serie de instrucciones que pueden ser leídas por la máquina y que llevan a un fin, por ejemplo, editar un texto. En la actualidad existe un enorme número de programas, pero éstos pueden ser divididos en unos cuantos grandes grupos en función de las tareas para las que han sido creados.

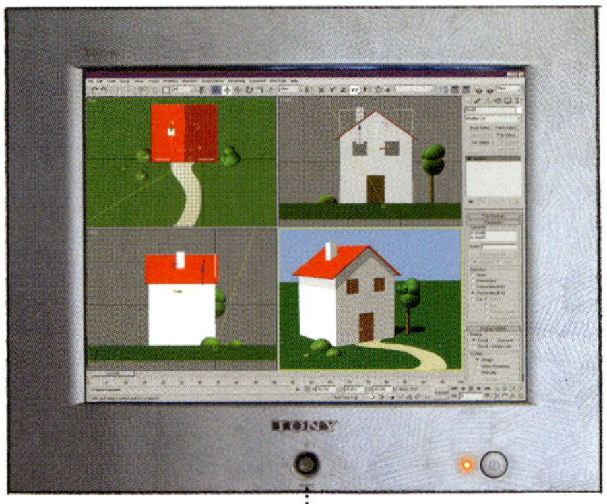

## ¿QUÉ ES EL SOFTWARE?

Al conjunto de programas, lenguajes, métodos, procedimientos, reglas y documentación que permiten el manejo de un sistema informático se le llama *software*, para distinguirlo de las máquinas, como el monitor o el teclado que forman parte del *hardware*, que traducido literalmente quiere decir herramienta.

**tratamiento de imágenes** entre los que destacan los de diseño y los de creación de imágenes en tres dimensiones

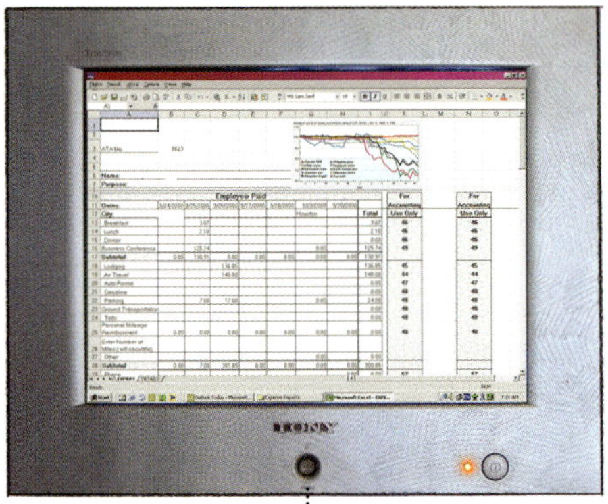

**financieros** y de contabilidad, que van desde los sencillos programas para controlar la economía doméstica hasta los complejos programas contables de las grandes empresas

### Los indispensables

Algunos programas pasan desapercibidos porque en nuestro trabajo diario los usuarios corrientes no interactuamos conscientemente con ellos, pero están presentes en casi todo lo que hacemos en un ordenador; se trata de los sistemas operativos que suelen venir ya instalados en todos los ordenadores y sin los cuales no podríamos ejecutar ningún otro programa.

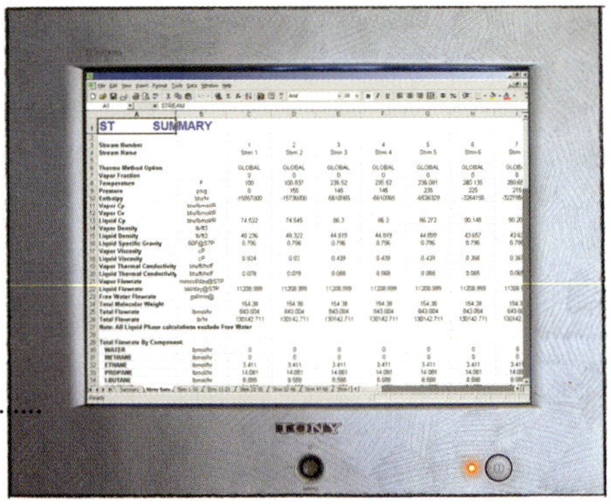

**base de datos** son programas para manejar con comodidad grandes cantidades de elementos que están relacionados entre sí

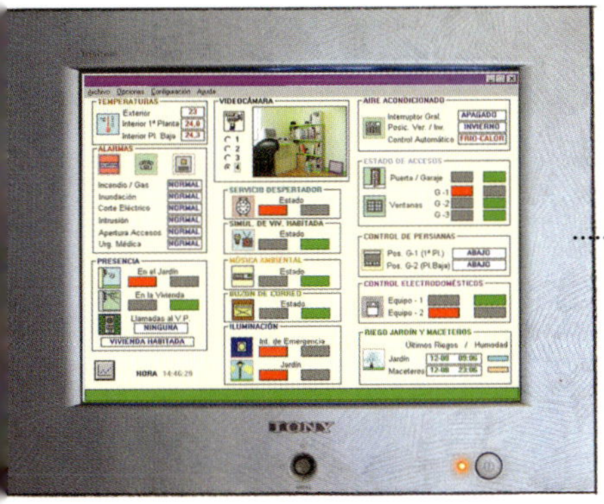

■ **de domótica**
que permiten controlar el funcionamiento de todos los aparatos eléctricos de una casa

■ **simuladores**
que pueden crear las condiciones de simulación de conducción o de funcionamiento de una gran variedad de aparatos

■ **tratamiento de textos**
que sirven para editar cualquier escrito y que pueden corregir la ortografía y controlar las normas más sencillas de la gramática

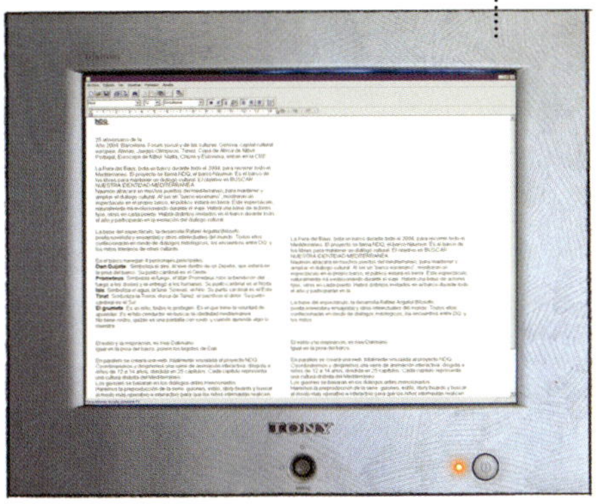

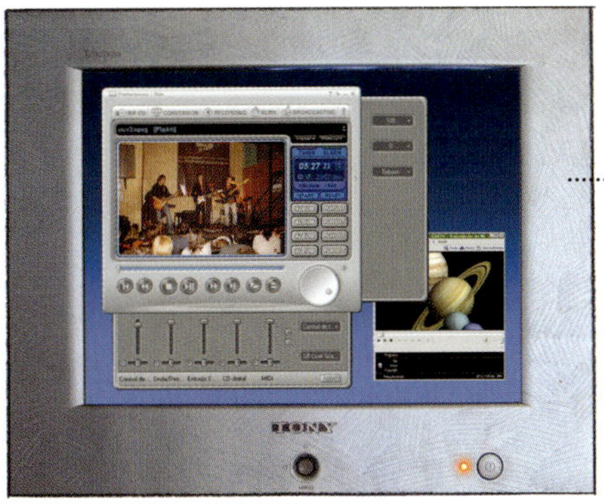

■ **multimedia**
con los que se puede trabajar con imágenes y sonidos e incluso con grabaciones de imágenes en movimiento

■ **de entretenimiento**
que comprenden una enorme variedad de juegos, entre los que existen sofisticados programas de ajedrez capaces de jugar contra grandes maestros

# LA INFORMÁTICA VIAJERA

La miniaturización de los elementos electrónicos y el espectacular avance en la mejora de la tecnología de fabricación de las pantallas planas, conocidas también como de la clase TFT, han permitido que los ordenadores portátiles sean cada vez de uso más corriente. Las prestaciones de estos aparatos son ya equiparables a las de los ordenadores de sobremesa puesto que permiten la instalación de todo tipo de programas y la conexión inalámbrica *(wireless)* a Internet.

### AUNQUE PAREZCA MENTIRA

Una de las características de los portátiles es que disminuyen su peso y volumen en cada generación, a pesar de que incorporan nuevos componentes del *hardware* como módems internos para la conexión a Internet, lectores y grabadores de DVD, además de los de CD-ROM.

**touchpad** ■ sistema de orientación del cursor en la pantalla similar al del ratón convencional, que cuenta en su parte inferior con dos pulsadores que tienen las mismas funciones que los del *mouse* o ratón

**lector y grabador** ■ de CD-ROM o DVD-ROM, según sea el modelo del que se trate

**altavoz** ■ integrado en el equipo que permite la ejecución de programas multimedia con sonido

■ **disquetera** para discos de tres pulgadas y media, integrada al cuerpo del portátil

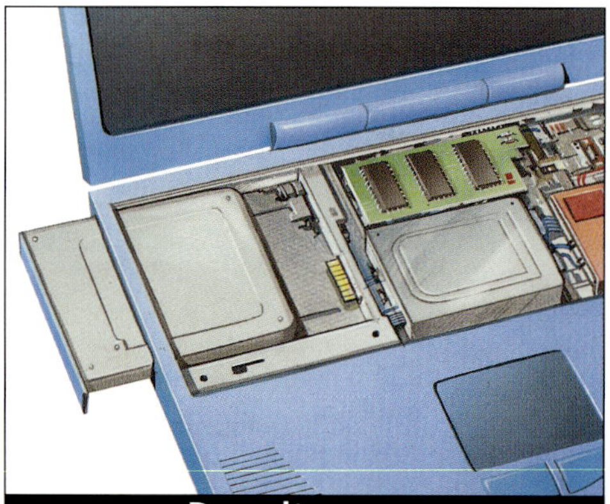

**De quita y pon**

Existen algunos modelos de portátiles que cuentan con mecanismos de apertura muy sencillos que dan acceso cómodamente a todas las partes internas del ordenador. Incluso en algunos no es necesario abrir la máquina para cambiar, por ejemplo, el disco duro, pues dispone de discos intercambiables.

**■ pantalla**
TFT, con tecnología que no requiere el uso de un tubo de rayos catódicos, razón por la cual puede ser tan plana

**■ teclas de acceso directo**
que permiten el acceso directo a aplicaciones configuradas previamente por el usuario

**■ conectores PS/2**
para conectar un ratón o un teclado externos al portátil

**■ tarjeta PC card**
que permite la conexión inalámbrica o WiFi

**■ conexiones**
para auriculares y micrófono que hacen posible la ejecución de muchos programas multimedia que requieren sonido

# LAS VÍAS DE ENTRADA Y SALIDA DEL ORDENADOR

**Los mecanismos que procesan la información y los que contienen la memoria y los programas suelen estar en su totalidad en el interior de la torre o consola de los ordenadores personales, pero los aparatos que nos permiten comunicarnos con ellos y recibir la información procesada están en el exterior y reciben el nombre genérico de periféricos. Algunos son extraordinariamente especializados si bien la mayoría son de uso bastante corriente.**

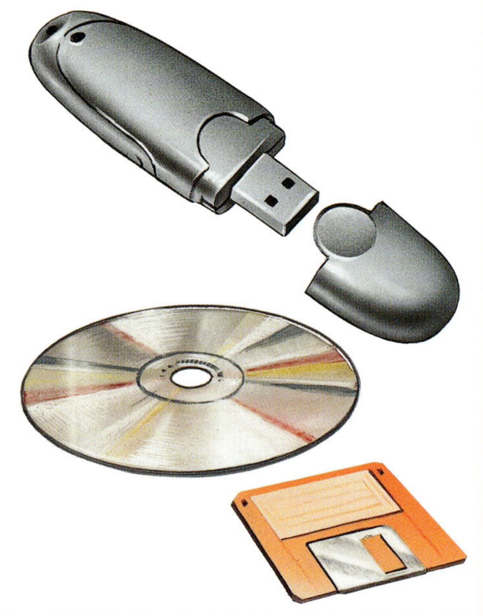

**La memoria externa**

Aunque la capacidad de memoria interna de los PCs actuales crece en cada generación, mucha de la información que utilizamos se almacena en discos externos de diversas clases. Los que hasta ahora solían utilizarse más eran los discos magnéticos de tres pulgadas y media, pero éstos están siendo rápidamente desplazados tanto por los sticks de memoria, los CD-ROM y los DVD-ROM, sistemas ópticos con mucha más capacidad que un disquete.

**teclado** es el principal periférico ya que nos permite introducir información para que sea procesada por el ordenador

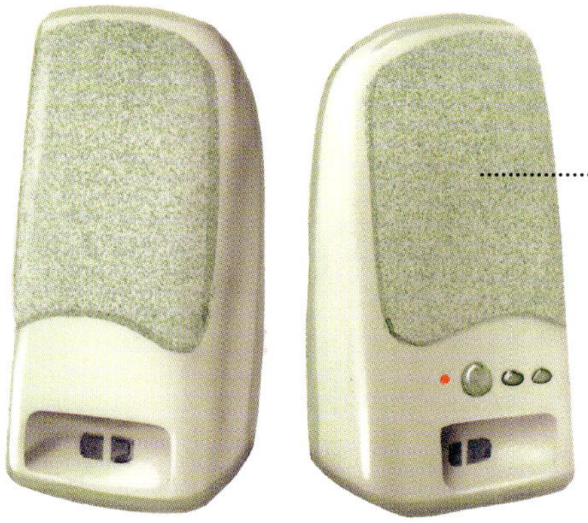

**altavoces** que permiten oír con mayor fidelidad el sonido de los programas multimedia, o simplemente, la música contenida en un CD-ROM

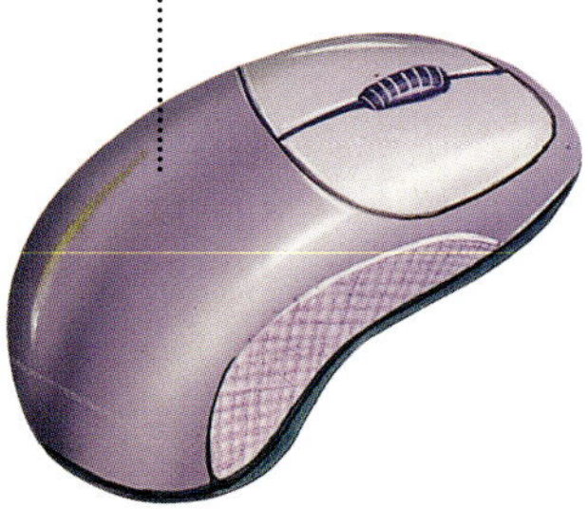

**ratón** o *mouse* que, igual que el teclado, es un periférico de entrada, sólo que en el caso del ratón actúa señalando sobre el monitor

**joystick** mando que sirve para facilitar la participación en algunos juegos de ordenador

## COMPATIBILIDAD

Aunque los fabricantes cada vez tienden más a utilizar las mismas normas, todavía existen algunos problemas de incompatibilidad entre determinados elementos externos y algunos ordenadores y sus sistemas operativos. Antes de comprar algunos programas o periféricos, hemos de asegurarnos que sean compatibles con el equipo que tenemos.

**tablero**
y lápiz electrónico que sirven para realizar dibujos que requieran un alto grado de perfección

**torre**
de un ordenador personal vista por su cara posterior, donde se encuentran las conexiones para los diferentes periféricos

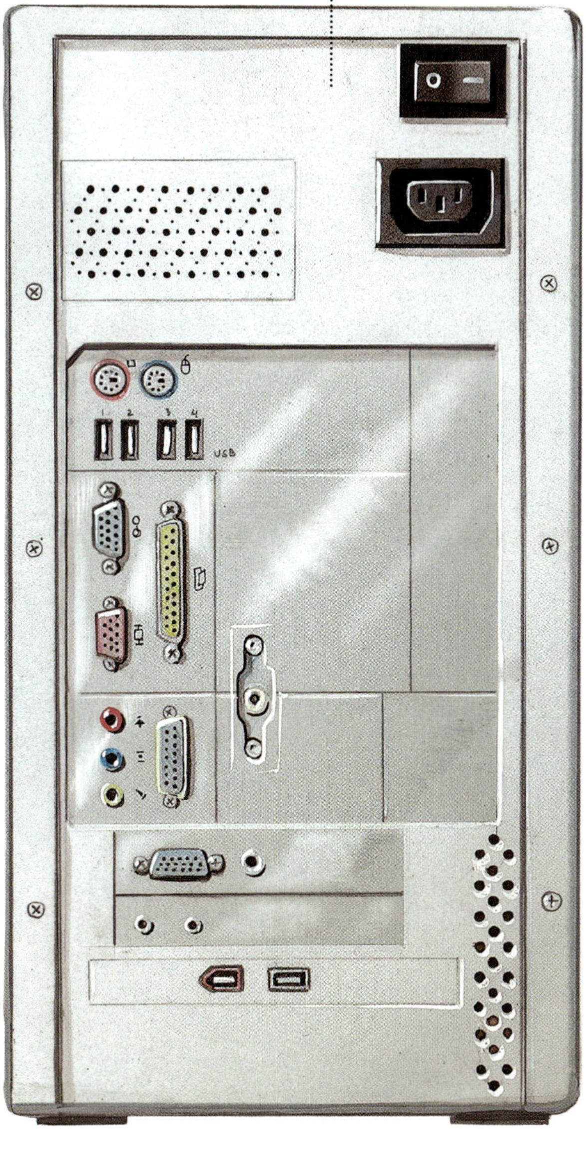

**monitor**
por medio del cual podemos ver imágenes y textos, según sea el tipo de programa que se esté ejecutando

**escáner**
que sirve para analizar e introducir imágenes externas, como dibujos o fotografías, en los programas de gráficos o de edición

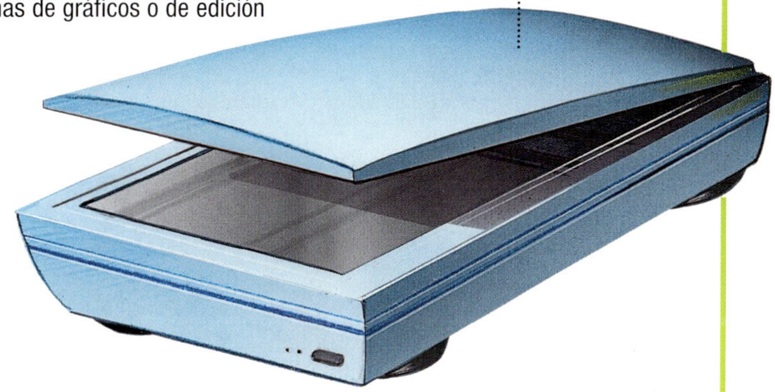

**impresora**
por medio de la cual podemos imprimir las imágenes o las palabras que aparecen en el monitor del ordenador

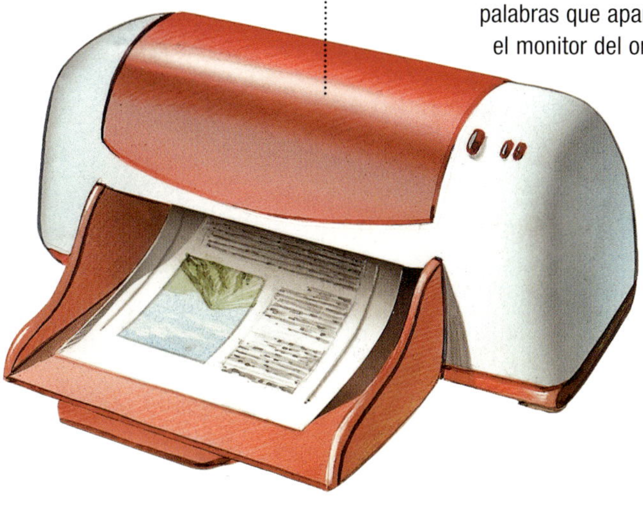

# UNA RED UNIVERSAL
## PARA COMPARTIR LA INFORMACIÓN

Internet es una red que une miles de redes de ordenadores de todo el mundo mediante un protocolo, o serie de instrucciones fijas, que pueden entender todas estas máquinas. Para formar parte de esta inmensa red es necesario conectarse a ella (mediante la línea telefónica o el cable de fibra óptica y un módem), utilizar un navegador (que es un programa especialmente creado para moverse en la red), y tener los servicios de un servidor (que es quien identifica al usuario y le da las claves para navegar por Internet).

**antena** ■ emisora y receptora de señales telefónicas, necesaria para enviar y recibir las señales de los satélites artificiales de comunicaciones

**receptor de televisión** ■ los nuevos receptores de televisión ya están preparados para realizar con facilidad las conexiones más sencillas a Internet

**servidor** ■ los servidores son ordenadores de gran capacidad que, además de formar parte de la red, facilitan algunos servicios a los usuarios, como la utilización del correo electrónico

**teléfono** ■ móvil (o celular) de nueva generación mediante el cual se puede navegar por Internet

**módem** ■ aparato que es indispensable para la conexión de un ordenador a Internet, tanto si ésta se hace mediante la línea telefónica como si se utiliza el cable de fibra óptica

## UNA RED MILITAR QUE SE CONVIRTIÓ EN RED DE CONOCIMIENTO

El ejército estadounidense desarrolló una red propia de ordenadores repartidos por todo el planeta, conocida como ARPANet, con el fin de prevenir la interrupción de las comunicaciones entre los ejércitos, ya que era la propia red la que decidía en cada momento el camino que debían seguir los mensajes hasta llegar a su destino.

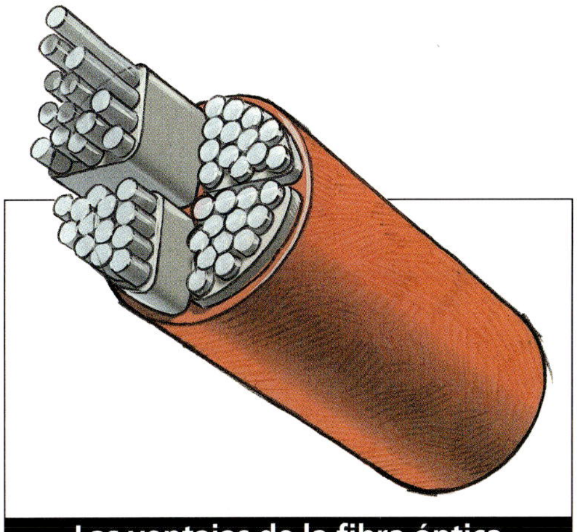

**Las ventajas de la fibra óptica**

El cable de fibra óptica es una de las últimas novedades introducidas en la tecnología de las comunicaciones. Capaz de transportar miles de veces el volumen de información que transportaría un cable de cobre del mismo grosor, la fibra óptica requiere unas condiciones muy rigurosas de instalación para poder hacerlo eficazmente.

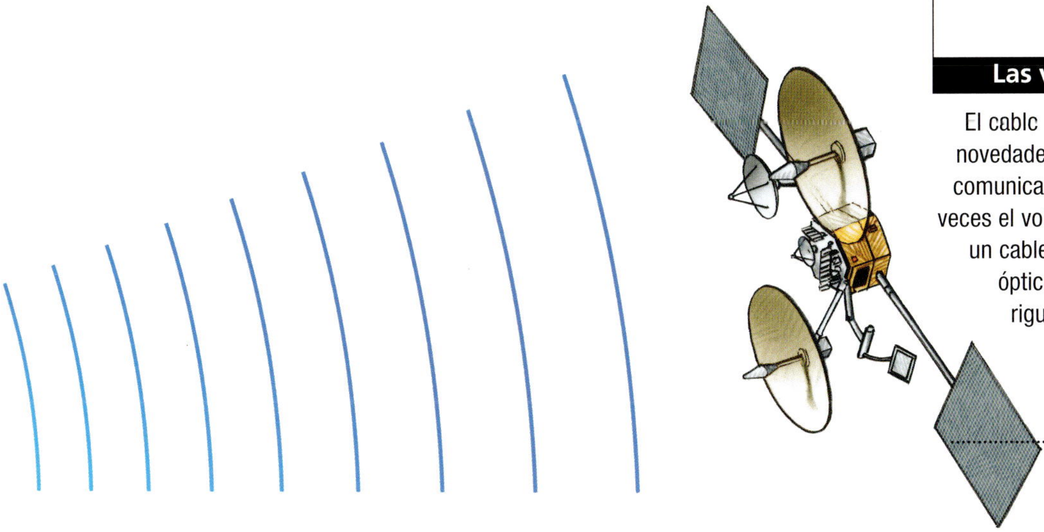

■ **satélite** artificial de comunicaciones que repite las señales telefónicas enviadas desde la Tierra, facilitando las comunicaciones a grandes distancias

■ **red** de ordenadores. Cuando un ordenador está conectado a Internet forma parte de la red por la que circulan los mensajes a gran velocidad

■ **portátil** que al igual que los ordenadores personales de sobremesa puede conectarse a Internet

# LOS GRANDES ALMACENES DE DATOS

**Los rápidos avances en la electrónica y la informática exigen una mejora paralela en los sistemas para almacenar la información. De las primitivas fichas y cintas perforadas se pasó a las cintas y a los discos magnéticos, que en poco tiempo multiplicaron su capacidad. Sin embargo, la aparición de sistemas ópticos capaces de contener varias veces el volumen de información que un disco magnético de igual tamaño, ha convertido a los discos compactos y a los discos DVD en los más utilizados, sobre todo para contener imágenes y sonidos.**

**fotografías** ■ un disco compacto puede almacenar unas treinta fotografías de calidad media, mientras que uno de DVD puede hacerlo con más de ciento ochenta

**información** ■ variada como fichas, análisis técnicos, etc.

**imágenes** ■ en movimiento. Los discos DVD pueden almacenar más de dos horas de imágenes en movimiento, lo que equivale a un 30 % más de duración que la de una película comercial

**disco** ■ suele estar fabricado en aluminio y posee una cubierta plástica. Las incisiones producidas por el láser varían en tamaño y profundidad según se trate de un disco compacto o uno de DVD

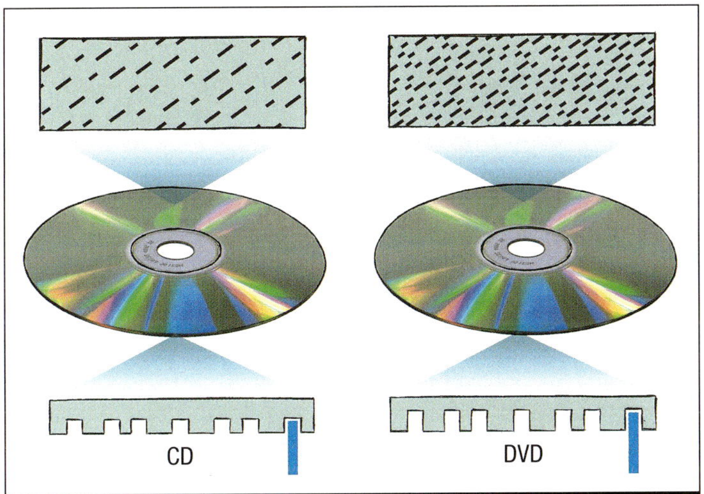


**Parecidos, pero no iguales**

Si bien la apariencia de los discos compactos y los DVD es prácticamente la misma, el microscopio nos permitiría observar que las microperforaciones de los DVD son más pequeñas, más profundas y están más juntas.

## CUESTIÓN DE CAPACIDAD

Aunque el sistema CD es relativamente reciente, hoy en día ya está siendo reemplazado por el DVD, sobre todo en sus versiones ROM, es decir, para ordenador. Esto es debido a que con precios parecidos, el segundo sistema es como mínimo capaz de almacenar siete veces más información que el CD, en el mismo espacio.

**sonido** ■
los discos compactos más corrientes pueden almacenar hasta 650 MB de información, principalmente en forma de sonido

**reproductor** ■
de DVD o de CD, que suele formar parte de un equipo de imagen, junto con un televisor; o de sonido, con un amplificador y dos altavoces

**ordenador** ■
personal que en los modelos más recientes poseen lectores tanto de CD-ROM como de DVD-ROM y en algunos casos, también incorporan grabadoras de los dos sistemas

# GLOSARIO

## Símbolos eléctricos y electrónicos

Casi en todos los aparatos eléctricos y electrónicos de uso corriente aparecen símbolos de los que conviene conocer el significado. En la tabla siguiente representamos algunos que se encuentran entre los más corrientes.

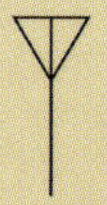

Representa a la antena, o al lugar en el que ésta va conectada, en los esquemas de los receptores de radio.

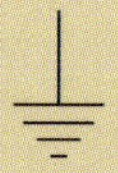

Símbolo que se utiliza para representar la toma de tierra.

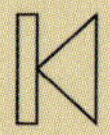

Representa a los altavoces, tanto en los esquemas de receptores de radio como en los demás aparatos que los utilizan.

Símbolo de las resistencias fijas, que son las que limitan el paso de la corriente en una cantidad determinada.

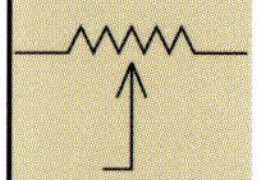

Se utiliza para representar las resistencias variables, también llamadas potenciómetros.

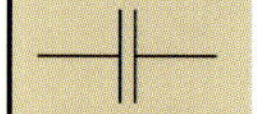

Representa a los condensadores fijos, cuya función consiste en almacenar temporalmente una determinada cantidad de carga eléctrica.

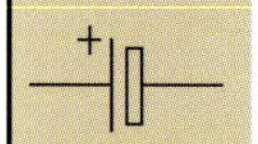


Representa los condensadores electrolíticos, que a diferencia de los corrientes, utilizan un electrolito entre las dos placas conductoras.

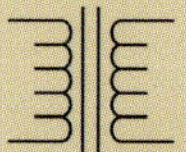

Símbolo de los transformadores, que son los aparatos que se usan para modificar el voltaje de la corriente eléctrica.

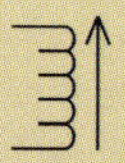

Se emplea para representar las bobinas eléctricas, que en el caso de los aparatos de sonido forman parte de los altavoces.

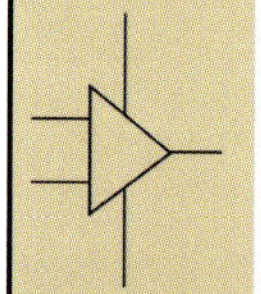

Símbolo que representa a los circuitos integrados.

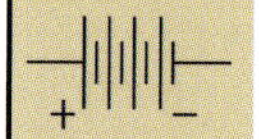


Representa a las pilas o baterías eléctricas.

Símbolo de los condensadores variables, que en el caso de los receptores de radio son los aparatos que sirven para sintonizar las emisoras.

Simboliza a los rectificadores semiconductores del tipo unión p-n.

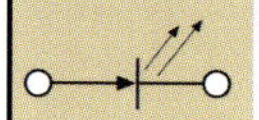

Se utiliza para representar a los diodos emisores de luz.

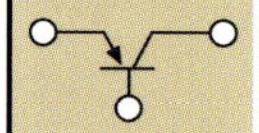

Símbolo que representa a los transistores del tipo p-n-p.

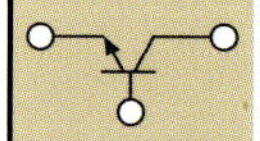

Se usa para representar a los transistores del tipo n-p-n.

# PARA SABER MÁS



## LOS SECRETOS DEL ÁTOMO

• Los átomos de todos los elementos químicos conocidos tienen en común que han de poseer como mínimo protones y electrones. Los protones se encuentran en el núcleo atómico, son relativamente pesados, tienen carga eléctrica positiva y para separarlos del núcleo es necesario gastar una gran cantidad de energía.

• Los electrones giran o vibran alrededor del núcleo atómico, prácticamente no tienen masa, es decir, son pura energía; su carga eléctrica es negativa y cuando hay más de dos, se organizan en diferentes niveles de energía, esto es, unos giran más próximos y otros más alejados del núcleo.

• Se ha observado que cuando hay ocho electrones en el último nivel el átomo se muestra muy estable tanto química como eléctricamente, mientras que cuando hay uno o siete electrones la tendencia a perder ese electrón, en el primer caso, o a capturar otro, en el segundo, es máxima.

• Los átomos son eléctricamente neutros pues poseen el mismo número de protones que de electrones; cuando ganan o pierden electrones se convierten en iones y tienen carga eléctrica.

• La carga eléctrica de un ion es positiva cuando ha perdido uno o más electrones, y en ese caso se llama catión, mientras que es negativa cuando ha capturado uno o más electrones y en ese caso se llama anión.

• Los elementos químicos pesados que tienen uno o dos electrones en su último nivel, como es el caso de algunos metales como el cobre o la plata, son buenos conductores de la electricidad porque esos electrones exteriores gozan de facilidad para desplazarse.

• Otros elementos o compuestos químicos, en cambio, tienen unos electrones exteriores muy estables y se comportan como buenos materiales aislantes de la electricidad porque ésta no encuentra facilidad para circular por ellos.

• Entre estos compuestos aislantes algunos se pueden convertir en semiconductores, es decir, en conductores de la electricidad en determinadas condiciones, cuando se sustituyen algunos de sus átomos por otros de elementos que tengan un electrón más o un electrón menos en su último nivel. Éste es el caso del silicio (que tiene cuatro electrones en el último nivel), cuando se le añade fósforo (que tiene cinco), o boro (que tiene tres).

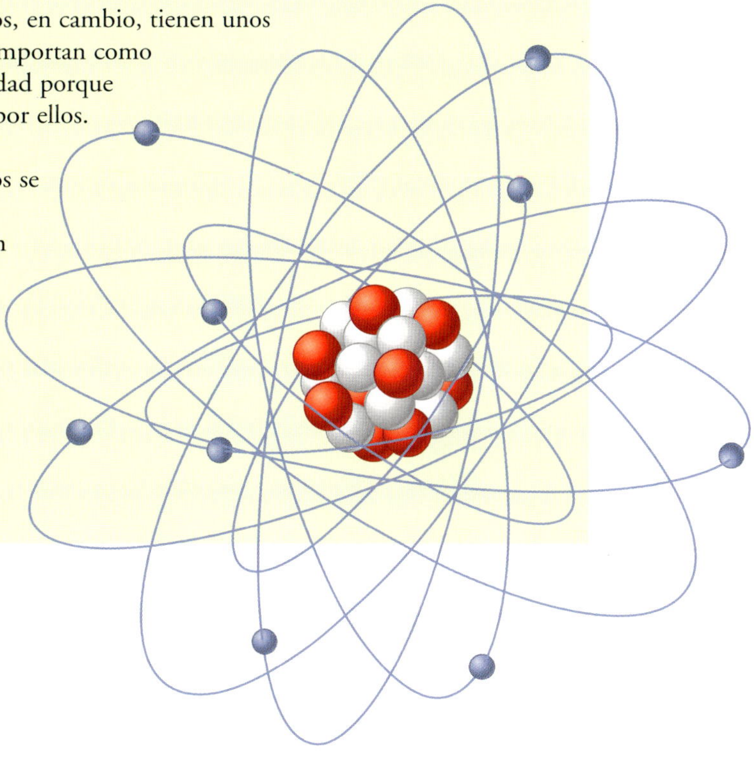